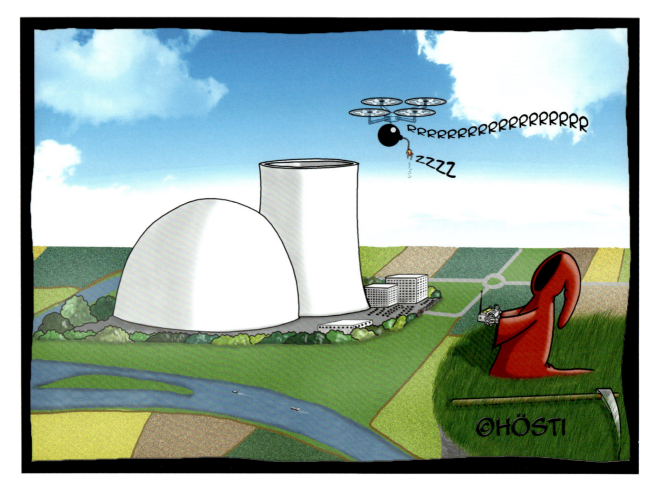

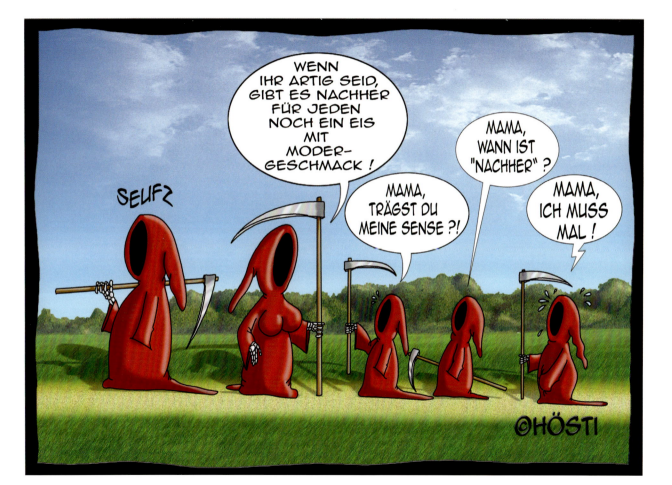

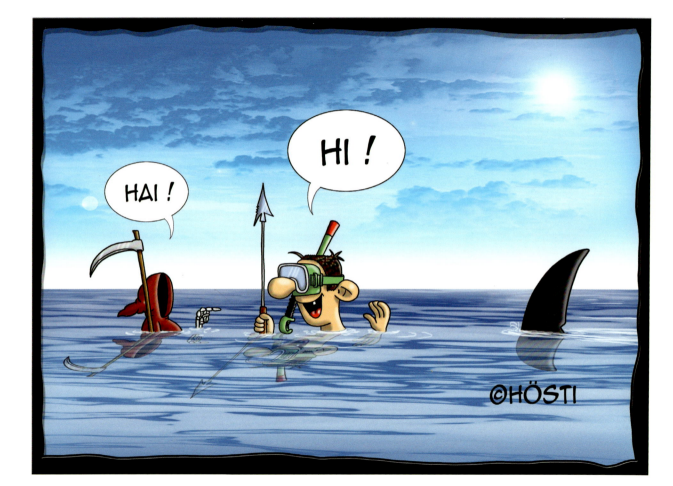

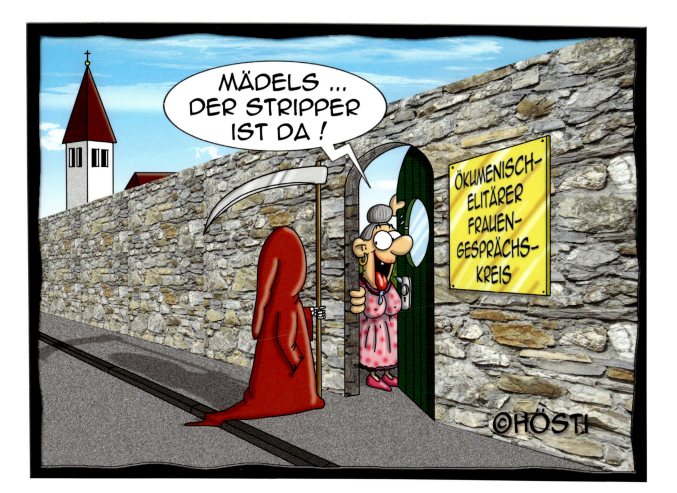

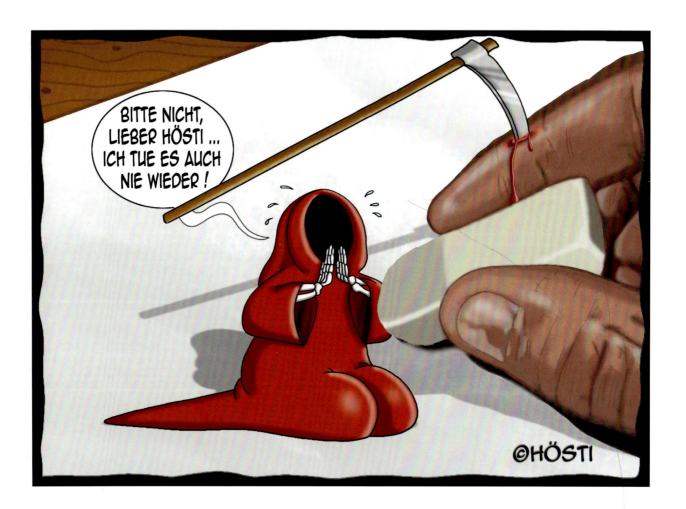

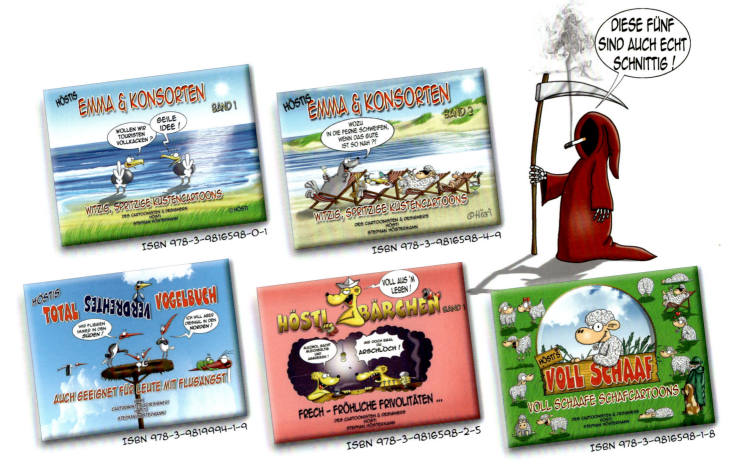

STEPHAN HÖSTERMANN
"HÖSTI"
(EINGETRAGENER KÜNSTLERNAME)

CARTOONIST, ILLUSTRATOR & DESIGNER

- BOTSCHAFTER DES KINDERHILFSWERKES " INTERNATIONAL CHILDREN HELP" E.V.
- EHRENBOTSCHAFTER DES PRÄVENTIONSNETZWERKES " LIFE IS MY FUTURE"
- "LIFE IS MY FUTURE" EHRENPREISTRÄGER 2009
- PROJEKTLEITER UND SCHIRMHERR DER PRÄVENTIONSKALENDER 2011, 2012, 2013 " VOLL AUF DIE 12 "
- FREIER MITARBEITER DER " LIFENOTES MUSIKPROJEKTE"
  EINE MARKE DER TEAMLIFE GESELLSCHAFT FÜR KREATIVE PROJEKTE MBH
- DESIGNER UND LIZENZGEBER VON MEHR ALS 500 MERCHANDISING-PRODUKTEN
- "KÖNIGLICHER HOFCARTOONIST" SEINER KÖNIGLICHEN HOHEIT KOSI CEPHAS BANSAH
  KÖNIG VON HOHOE GBI - TRADITIONAL GHANA
- MITGESTALTENDER KÜNSTLER DES UNICEF FAHNENMEERES " BOTSCHAFTEN IM WIND" IN TRAVEMÜNDE
  UA. MIT ARMIN MÜLLER STAHL, LOKI SCHMIDT, OTTO WAALKES, BRÖSEL, JUSTUS FRANZ, GITTE HAENNING,
  HEIDE SIMONIS, REINHOLD BECKMANN, FÜRSTIN ELISABETH VON BISMARCK UVA.
- ZEICHNER DER "VÖLKERVERBINDENDEN POSTKARTE" FÜR "ROUND TABLE TOUR GERMANY"
- MITARBEIT BEI ZDF FERNSEHPRODUKTIONEN DER PHÖNIX FILM GMBH BERLIN
- ZEICHNER VON FIX & FOXI LIZENZMOTIVEN FÜR MERCHANDISINGPRODUKTE DER FIRMA ESCHA MÜNCHEN
- VERSCHIEDENE CARTOONAUSSTELLUNGEN

IDEE UND CARTOONS:
STEPHAN HÖSTERMANN

GESAMTHERSTELLUNG:
LIZENZVERLAG REGIO-KARTEN, 26607 AURICH
TEL: 0 49 41 - 6 98 64 88 | BLESENE@GMX.DE

NACHDRUCK SOWIE JEDE FORM DER ELEKTRONISCHEN NUTZUNG
- AUCH AUSZUGSWEISE -
NUR MIT GENEHMIGUNG VON STEPHAN HÖSTERMANN.

ISBN 978-3-9816598-3-2

WWW.HOESTI.DE
WWW.HOESTI-SHOP.DE